Inhalt

Solarwirtschaft - weltweit auf der Überholspur

Kernthesen

Beitrag

Fallbeispiele

Zahlen und Fakten

Weiterführende Literatur

Impressum

GENIOS BranchenWissen Nr. 05/2006 vom 24.05.2006

Solarwirtschaft - weltweit auf der Überholspur

Autor GENIOS BranchenWissen: A.Schneider

Kernthesen

- Solarenergie und Solarwärme haben derzeit nur einen Anteil von 2 Prozent an den erneuerbaren Energien, doch die Märkte wachsen weltweit mit rund 20 Prozent pro Jahr.
- Die deutsche Solarbranche ist sehr gut positioniert, muss aber in den kommenden Jahren ihren Auslandsumsatz unbedingt weiter stark erhöhen.
- Zu den bekannten deutschen Solarunternehmen zählen beispielsweise Q-Cells, Solarworld, Ersol, Schott Solar und Conergy.

- Bei der Solarthermie wird aus der Sonneneinstrahlung Wärme gewonnen (oder Kälte erzeugt), bei der Photovoltaik wird Strom produziert.
- Über zwei Millionen Menschen leben inzwischen in Häusern mit Solaranlagenanschluss.

Beitrag

Scheine, liebe Sonne, scheine! Nach diesem strengen Winter lechzen die Deutschen nach Sonne, die Solarwerte sind Börsen-Superstars und die deutschen Photovoltaikunternehmen bei Umsatz und Gewinn auf der Überholspur. Kürzlich ging im niederbayerischen Pocking das weltweit größte zusammenhängende Solarkraftwerk offiziell ans Netz. Es beherbergt rund 62 500 Solarmodule, kostete angeblich rund 40 Millionen Euro, leistet mehr als zehn Megawatt und kann damit fast 3 300 Haushalte mit Strom versorgen. (8)

Die Struktur der deutschen Solarwirtschaft

In der deutschen Solarbranche sind rund 5 000

Unternehmen tätig, sei es als Hersteller, Systemanbieter, als Projektentwickler oder in der Planung, Installation oder im Service. Es sind zumeist kleine oder mittelständische Betriebe, die sich auf ein bestimmtes Leistungsspektrum spezialisiert haben. Nur wenige haben sich inzwischen einen Namen gemacht und verfügen über Auslandserfahrung.

Die Wertschöpfungskette umfasst fünf Stufen. Auf der ersten Stufe sind die Siliziumhersteller wie Wacker Chemie, die das Reinsilizium herstellen. Dieses wird auf der zweiten Stufe von Unternehmen wie Solarworld, Ersol und Schott Solar zu Siliziumscheiben (Wafer) oder Blöcken (Ingots) verarbeitet. Aus diesen Vorprodukten werden in der dritten Stufe die Solarzellen gefertigt, worauf sich in Deutschland Unternehmen wie Q-Cells spezialisiert haben. Aus den Zellen werden in der vierten Stufe von Unternehmen wie Solon dann Solarmodule zusammengestellt, die Dienstleister wie Conergy in der fünften Stufe zu kompletten Solarsystemen kombinieren und an Vertriebspartner oder Endkunden verkaufen. (10)

Geringer Anteil an den Erneuerbaren, aber rasantes

Wachstum und hohes Zukunftspotenzial

Der Anteil der Sonne an den erneuerbaren Energien ist momentan noch vergleichsweise klein. Den größten Anteil hat die feste Biomasse (46 Prozent), gefolgt von Windenergie (15 Prozent) und Wasserkraft (12 Prozent). Es folgen Biodiesel (10 Prozent), gasförmige Biomasse (8 Prozent) und erst dann mit 2 Prozent Solarenergie und Solarwärme.

Doch der Glaube an die Sonne ist groß. Schließlich lockt sie mit nahezu unerschöpflicher Energie, verursacht keine klimaschädlichen Kohlendioxyd-Emissionen und ist in der Lage, unabhängig von flächendeckenden Stromnetzen, Energie zu liefern. Ihre Energie kann zur Produktion von Wärme, Kälte und Strom genutzt werden.

Die Solarmärkte wachsen weltweit mit rund 20 Prozent pro Jahr. Auch die deutsche Solarbranche legte 2005 erneut ein zweistelliges Umsatzwachstum in Höhe von 18 Prozent hin und verbuchte einen Gesamtumsatz von 3,7 Milliarden Euro. Seit 1990 wurden rund 12 Milliarden Euro investiert. In der Branche arbeiten inzwischen rund 42 500 Beschäftigte. 2005 wurden 100 000 neue Solaranlagen installiert. Damit beziffert sich der Bestand insgesamt auf nunmehr rund 800 000 Anlagen. Sie erzeugten im vergangenen Jahr 2,3 TWh Solarwärme und 1,0 TWh Solarstrom. Die Produktion von Solarzellen in Deutschland wurde um 67 Prozent auf 312 Megawatt Spitzenleistung gesteigert.

Die namhaften deutschen Solarunternehmen sind im vergangenen Jahr kräftig gewachsen: Der Umsatz von Solarworld stieg um 75 Prozent, von Q-Cells um 125 Prozent und von Conergy um 86 Prozent. (1)

Auch in den kommenden Jahren will die Branche ein kräftiges Wachstum hinlegen. Bis 2020 soll der Branchenumsatz auf 24 Milliarden klettern. 119 Milliarden Euro sollen dafür dann investiert worden sein. 255 000 Menschen sollen bis 2020 ihren Job bei dann über 10 000 Unternehmen in der Solarwirtschaft finden. 32 TWh Solarwärme und 24,5 TWh Solarstrom sollen dann erzeugt werden. [Abb.1]

Da die Preise für Solarzellen und Module seit zwei Jahren steigen und wohl in diesem Jahr weiter zulegen, bleiben die Gewinne der Unternehmen hoch. An der Börse jedenfalls, die ja auch das Zukunftspotenzial bewertet, haben die Photovoltaikwerte in den vergangenen zwölf Monaten teils gewaltig zugelegt, bis zu 400 Prozent.

Solarthermie und Photovoltaik, die beiden Säulen der Solartechnolgie

Solarthermie: Mit der Sonne wärmen oder kühlen

Wird aus der Sonneneinstrahlung Wärme gewonnen, sei es für das Dusch- oder Trinkwasser oder die Raumheizung, nennt man das Solarthermie.
Wir alle kennen die meist auf Dächern installierten Sonnenkollektoren. Dunkel beschichtete Absorberbleche aus Kupfer oder Aluminium fangen das Licht auf, wandeln es in Wärme um und geben diese an ein Speichermedium ab. In Regionen mit langer direkter Sonneneinstrahlung werden solarthermische Großkraftwerke zur Stromgewinnung eingesetzt. Parabolrinnenkraftwerke haben den höchsten Wirkungsgrad und die niedrigsten Stromgestehungskosten aller bis heute gebauten Solarsysteme. Auch Aufwind- und Solarturmkraftwerke sowie Dish-Sterling-Systeme werden mittelfristig die Marktreife erlangen. (2)

Weniger bekannt ist wahrscheinlich die Tatsache, dass sich mit der Sonnenenergie nicht nur Wärme, sondern auch Kälte erzeugen lässt. Viele Gebäude könnten in naher Zukunft bereits mit der Sonne gekühlt werden. Ein riesiges Potenzial steckt hinter der solarthermischen Klimatisierung: weltweit werden heute rund 100 Millionen stationäre elektrische Kälteanlagen verkauft, dazu kommen 35 Millionen mobile Geräte. Und besonders charmant: Solare Klimaanlagen haben den Vorteil, dass sie dann besonders effektiv arbeiten, wenn der Kühlbedarf am höchsten ist: zur sonnenreichen Mittagszeit. (2)

Kombisysteme immer stärker nachgefragt

Immer mehr Deutsche holen sich die Sonne aufs Dach. Angesichts dramatisch steigender Öl- und Gaspreise ist die Nachfrage nach Solarwärmeanlagen deutlich angestiegen. Der Bundesverband Solarwirtschaft (BSW) prognostiziert für dieses Jahr ein Marktwachstum von 30 Prozent und eine installierte Solarkollektorfläche von über 1,2 Millionen Quadratmetern. Über zwei Millionen Menschen leben inzwischen in Häusern mit Solaranlagenanschluss. Damit ist Deutschland in Europa der mit Abstand größte Solarthermiemarkt.
Besonders deutlich steigt die Nachfrage nach Solaranlagen, die gleich zwei Fliegen mit einer Klappe

schlagen und sowohl das Brauchwasser als auch den Raum erwärmen können. Der Marktanteil derartiger Kombisysteme ist binnen eines Jahres von 25 auf 45 Prozent gestiegen. (3), (4)

Hilfreich wird sein, dass die Bundesregierung aktuell die Solarwärmeanlagen wieder fördert. Für kleine Anlagen zur Brauchwassererwärmung gibt es 84 Euro pro angefangenen Quadratmeter Kollektorfläche. Eine große Anlage zur Unterstützung der Raumheizung wird mit 108 Euro pro Quadratmeter Kollektorfläche unterstützt. (5)

Photovoltaik: Aus Sonnenlicht wird Strom

Bei der Photovoltaik wird Sonnenlicht mittels Solarzellen in Strom umgewandelt. In den Solarzellen sind Halbleiterschichten übereinander angeordnet, die vor allem aus Silizium bestehen. Der gewonnene Gleichstrom lässt sich direkt zum Betrieb elektrischer Geräte nutzen oder in Batterien speichern. Umgewandelt in Wechselstrom kann er in das öffentliche Stromnetz eingespeist werden. (2)

Die Solarbranche hat 2005 zwar nur 0,16 Prozent des Stroms in Deutschland erzeugt und 3 Milliarden Euro Umsatz erwirtschaftet. Für 2006 werden jedoch erneut zweistellige Wachstumsraten erwartet. Die

Photovoltaik will dabei nicht nur in Deutschland, sondern auch in Südeuropa, den USA und Asien wachsen. (7)

Trittins EEG macht Schule

Bei aller Sonneneuphorie sei gesagt: Die Photovoltaikindustrie profitiert zweifelsohne von der staatlichen Förderung durch das Erneuerbare-Energien-Gesetz (EEG). Das EEG garantiert feste Vergütungen für zwanzig Jahre. Daher werden die regionalen Stromanbieter seit zwei Jahren zur Abnahme des durch die Solaranlagen erzeugten Stroms zu festgelegten Preisen über den Marktpreisen verpflichtet. Ziel der Bundesregierung ist es, den Anteil der erneuerbaren Energien an der Stromversorgung bis 2010 auf 12,5 Prozent und bis 2020 auf 25 Prozent zu steigern. Und in der Tat: Innerhalb von fünf Jahren hat sich der Anteil von 6,7 auf 10,2 Prozent im vergangenen Jahr erhöht. Dabei macht die Solarenergie mit 0,2 Prozentpunkten nur einen kleinen Anteil aus. Sie hat jedoch ehrgeizige Pläne. 2010 will sie immerhin ein Prozent de Stromverbrauchs abdecken und langfristig sogar zwanzig Prozent erreichen. Schon 2007 will sie sich von den Förderzuschüssen aus dem Bundeshaushalt unabhängig machen. (9)

Doch Trittins Modell macht inzwischen Schule. Die Vereinigten Staaten, China, Spanien und Italien haben ebenfalls milliardenschwere Förderprogramme für den Solarstrom aufgelegt. (10)

Die Zukunft: Dünnschichttechnik, Auslandsmärkte und sinkende Preise

Die noch junge Branche arbeitet intensiv an technischen Fortschritten. So wird beispielsweise an ausrollbaren Solarmatten geforscht, die die herkömmlichen Solarzellen ersetzen und einen höheren Wirkungsgrad erreichen sollen. (11)

Die derzeit vorherrschende Technik in der Photovoltaik ist die kristalline Technik auf der Basis von Silizium. Allerdings hat die Branche damit zu kämpfen, dass die Siliziumvorräte, also das Ausgangsmaterial für die Wafer- und Zellenherstellung, knapp sind und Silizium daher teuer. Die Solarzellen, die einen Marktanteil von 90 Prozent haben, sind dick und sperrig. Die Branche arbeitet daher fieberhaft an einer neuen Technologie: der Dünnschichttechnik. Ihre Herstellung braucht 90 Prozent weniger Materialien und bis zu zwei Drittel weniger Energie, das macht die Module preiswerter. Ihr Wirkungsgrad jedoch ist deutlich geringer. Bei den herkömmlichen Siliziumzellen liegt er bei 15 Prozent, bei der Dünnschichttechnik nur bei sechs bis sieben Prozent. Noch ist diese neue Technologie nicht einsatzfähig. Experten gehen davon aus, dass sie noch vier bis zehn Jahre brauchen wird, bis sie die Marktreife erlangt hat. (7), (9)

Ein anderer, für langfristigen Erfolg der deutschen Firmen unverzichtbarer Trend ist der Gang ins Ausland. In Deutschland ist das Klima letztendlich nur bedingt geeignet, und außerdem muss ab 2007 mit sinkenden Einspeisevergütungen gerechnet werden. Hinzu kommt, dass die Konkurrenz immer größer wird. Die großen asiatischen und amerikanischen Anbieter wie Sharp, Kyocera, Sanyo oder Suntech haben auf Angriff geschaltet. Wenn die deutschen Unternehmen, wie Solarworld, Conergy, Q-Cells und Ersol sich nicht rasch genug auch international etablieren, werden sie ihre derzeitige Spitzenposition nicht halten können. Der Auslandsumsatz von Solarworld ist im vergangenen Jahr auf 40 Prozent angestiegen, der von Q-Cells auf 36 Prozent und Conergy hat ihn verdreifacht. (1)

Als sehr attraktiv gilt Spanien. Doch vor allem auch die nicht elektrifizierten Regionen in den Entwicklungs- und Schwellenländer stehen auf

Solarenergie. Schließlich ist diese dezentral einsetzbar und erfordert keine flächendeckenden Stromnetze. Der Export von Solarzellen wuchs innerhalb eines Jahres von 30 auf 34 Prozent und lag im vergangenen Jahr bei rund 500 Millionen Euro. 2012 soll der Umsatz im Ausland schon mehr als 4 Milliarden Euro ausmachen.

Die Solarenergie wird voraussichtlich - wie die anderen erneuerbaren Energien ebenfalls in den nächsten Jahren tendenziell günstiger werden, denn die Zahl der Anlagen steigt und die technischen Neuerungen erhöhen die Effizienz. Profitieren wird sie überdies davon, dass die Preise für Energie aus Öl, Gas und Kohle in absehbarer Zeit gewiss nicht sinken werden.

Kampagne Wärme von der Sonne

Die Kampagne Wärme von der Sonne, an der dieses Jahr 60 000 bundesweite Solarinitiativen teilnehmen, wird bestimmt noch weitere Anhänger der Solarwärme hervorbringen, schließlich ist es ihr Ziel, über die Vorteile der Solarwärme zu informieren und sie den Menschen näher zu bringen. Seit 2005 führt der Bundesverband Solarindustrie (BSI) die Aktion WÄRME VON DER SONNE durch. Der 20. Jahrestag des Reaktorunglücks von Tschernobyl am 26. April und der Tag der Erneuerbaren Energien am 29. April sind der Anlass für Informationsveranstaltungen, Solarfeste und Fachvorträge. (6)

Fallbeispiele

Top-Unternehmen der Branche

Zwei deutsche Anbieter von Solarzellen haben es im vergangenen Jahr geschafft, sich unter die weltweit sieben größten Hersteller von Solarzellen zu mischen. [Abb.2]

Mit Abstand führend ist der japanische Hersteller Sharp mit einem Marktanteil von deutlich über 23 Prozent.

Doch auf Platz zwei folgt bereits die Q-Cells AG aus Thalheim bei Bitterfeld in Sachsen-Anhalt. Der Marktführer in Europa hat international einen Marktanteil von knapp über 9 Prozent. Kein anderes Unternehmen der Branche wächst derzeit so schnell: Der Umsatz stieg 2004 um 164 Prozent und 2005 um fast 133 Prozent auf knapp 300 Millionen Euro. Den

Gewinn konnte Q-Cells sogar von 12 auf gut 40 Mio. Euro mehr als verdreifachen. Für 2006 erwartet Q-Cells ein weiteres kräftiges Wachstum beim Umsatz - 480 Millionen Euro werden angepeilt - und beim Gewinn 65 Millionen Euro sollen es hier werden. Die Exportquote soll von derzeit 37 Prozent bis 2008 auf die Hälfte der Produktion gesteigert werden. (12), (13) www.qcells.de

Auf Platz sechs rangiert Schott Solar, Mainz, mit einem Marktanteil von immerhin über 5 Prozent. www.schott.com/solar

Die SolarWorld AG hat vor kurzem die Solaraktivitäten von Shell übernommen. Der Umsatz konnte im vergangenen Jahr um 78 Prozent auf 356 Millionen Euro, der Gewinn um 187 Prozent auf 52 Millionen Euro gesteigert werden. Auch das erste Quartal 2006 lief prächtig. Das Bonner Unternehmen meldete Anfang Mai ein um 122 Prozent auf 16,5 Millionen Euro gestiegenes Konzernergebnis. Solarworld stellt an verschiedenen Standorten Wafers, Zellen und Module für die Solarindustrie her. www.solarworld.de

Die Ersol Solar Energy AG aus Erfurt ging im September 2005 an die Börse. Das vergangene Jahr brachte eine Umsatzsteigerung um 71 Prozent auf 64,4 Millionen Euro, der Gewinn betrug 132 000 Euro.

www.ersol.de

Auch die Conergy AG, Hamburg, verfolgt einen ehrgeizigen Wachstumskurs. Der Konzernumsatz wurde 2005 um 86 Prozent auf 530 Millionen Euro gesteigert. Der Gewinn kletterte um 153 Prozent auf über 27 Millionen Euro. www.conergy.de

Zahlen & Fakten

Solarenergie in Deutschland

Die Deutsche Solarbranche	2005	2020
Branchenumsatz	3,7 Mrd. Euro	24 Mrd. Euro
Investitionen seit 1990	12 Mrd. Euro	119 Mrd. Euro
Beschäftigte	42.500	255.000
Umsatzwachstum pro Jahr	zweistellig	zweistellig
Solarunternehmen	>5.000	>10.000
davon Hersteller	rund 140	
Solaranlagen-Bestand	800.000	>3 Mio.
Solaranlagen-Neuinstallation	100.000	
Erzeugte Solarenergie:		
Solarwärme	2,3 TWh	32 TWh
Solarstrom	1,0 TWh	24,5 TWh
Kostenreduktion seit 1990:		
Solarwärme	40%	
Solarstrom	70%	

Quelle: Bundesverband Solarwirtschaft (BSW)

Entnommen aus: www.solarbusiness.de

Top 7 Hersteller von Solarzellen weltweit nach Marktanteil 2005

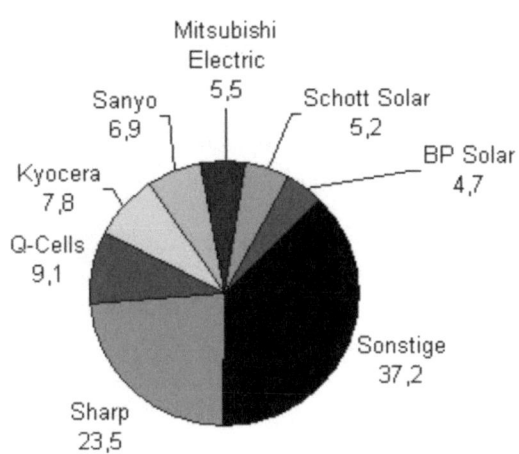

Quelle: Bundesumweltministerium, Deutsches Windenergie-Institut, F.A.Z. Archiv, Thomson Financial Datastream

Entnommen aus: Frankfurter Allgemeine Zeitung, 22.04.2006, S. V30

Weiterführende Literatur

(1) Solare Zukunft
aus Frankfurter Allgemeine Zeitung, 06.03.2006, Nr. 55,

S. 13

(2) O.V., Vielseitige Power, www.solarbusiness.de
aus Frankfurter Allgemeine Zeitung, 06.03.2006, Nr. 55,
S. 13

(3) O.V., Bundesverband Solarwirtschaft, Solarwärme
weiter im Aufwind, www.solarwirtschaft.de
aus Frankfurter Allgemeine Zeitung, 06.03.2006, Nr. 55,
S. 13

(4) Geschäft mit Sonnenwärme wird zum
Selbstgänger Hohe Öl- und Gaskosten heizen die
Nachfrage an
aus Financial Times Deutschland vom 16.05.2006,
Seite SA2

(5) Das Solardach von der KfW
aus Frankfurter Allgemeine Sonntagszeitung,
30.04.2006, Nr. 17, S. 55

(6) Bundesverband Solarwirtschaft, Aktion WÄRME
VON DER SONNE STARTET DURCH,
www.solarwirtschaft.de
aus Frankfurter Allgemeine Sonntagszeitung,
30.04.2006, Nr. 17, S. 55

(7) Gründungsboom in der Solarbranche
Unternehmen verzeichnen gleichen Umsatz wie die
Windenergie, die Kapazitäten wachsen stärker als in
Japan. Weil Silizium knapp wird, setzen sie auf
Dünnschichttechnik

aus Financial Times Deutschland vom 16.05.2006,
Seite SA2

(8) Komm doch, liebe Sonne!
aus Süddeutsche Zeitung, 28.04.2006, Ausgabe Deutschland, S. 35

(9) Sonnige Zeiten
aus Süddeutsche Zeitung, 24.04.2006, Ausgabe Deutschland, S. 25

(10) Goldgräberstimmung
aus Frankfurter Allgemeine Zeitung, 22.04.2006, Nr. 94, S. V30

(11) Mehr rausholen Windenergie ist dank neuer Methoden viel effizienter zu erzeugen. Bei Sonnenkraft und Erdwärme deutensich ebenfalls Technologieschübe an
aus Financial Times Deutschland vom 28.04.2006, Seite UP10

(12) Sonnenenergie auf Weltniveau
aus Frankfurter Allgemeine Zeitung, 29.04.2006, Nr. 100, S. 23

(13) Rasantes Tempo als Markenzeichen
aus www.powernews.org Meldung vom 24.04.2006 - 11:25

Impressum

Solarwirtschaft - weltweit auf der Überholspur

Bibliografische Information der deutschen Nationalbibliothek

Die Deutsche Nationalbibliothek verzeichnet diese Publikation in der deutschen Nationalbibliografie; detaillierte bibliografische Daten sind im Internet über http://dnb.d-nb.de abrufbar.

ISBN: 978-3-7379-2329-3

© 2015 GBI-Genios Deutsche Wirtschaftsdatenbank GmbH, Freischützstraße 96, 81927 München, www.genios.de

Alle Rechte vorbehalten. Dieses Werk ist einschließlich aller seiner Teile – z.B. Texte, Tabellen und Grafiken - urheberrechtlich geschützt. Jede Verwertung außerhalb der Grenzen des Urheberrechtsgesetzes bedarf der vorherigen Zustimmung des Verlags. Dies gilt insbesondere auch für auszugsweise Nachdrucke, fotomechanische Vervielfältigungen (Fotokopie/Mikroskopie), Übersetzungen, Auswertungen durch Datenbanken oder ähnliche Einrichtungen und die Einspeicherung und Verarbeitung in elektronischen Systemen.